The Garden of Magical Butterflies and Other Stories: Bilingual Italian-English Stories for Children

Coledown Bilingual Books

Published by Coledown Bilingual Books, 2023.

While every precaution has been taken in the preparation of this book, the publisher assumes no responsibility for errors or omissions, or for damages resulting from the use of the information contained herein.

THE GARDEN OF MAGICAL BUTTERFLIES AND OTHER STORIES: BILINGUAL ITALIAN-ENGLISH STORIES FOR CHILDREN

First edition. September 9, 2023.

ISBN: 979-8223330202

Written by Coledown Bilingual Books.

Table of Contents

Il Piccolo Orso e l'Amico Sconosciuto

C'era una volta un piccolo orso di nome Luca. Viveva nella grande foresta insieme a sua madre e suo padre. Luca era un orsetto molto curioso, e gli piaceva esplorare il bosco ogni giorno.

Un mattino, mentre correva tra gli alberi, sentì un suono strano provenire da dietro un cespuglio. Luca si avvicinò cautamente e scoprì un animaletto tremante e spaventato. Era un gufo giovane di nome Giorgio. Il piccolo gufo aveva perso la strada per il suo nido e si sentiva molto triste.

Luca, con il suo cuore gentile, decise di aiutare Giorgio a tornare a casa. Presero la mano a mano, seguendo le stelle e le luci delle lucciole. Lungo il cammino, divennero grandi amici. Raccontarono storie, cantarono canzoni e condivisero il cibo che Luca aveva portato con sé.

Finalmente, arrivarono al nido di Giorgio, dove sua mamma e suo papà erano molto preoccupati. Li abbracciarono e ringraziarono Luca per aver portato il loro piccolo gufetto a casa sano e salvo.

Luca tornò alla sua casa nella grande foresta, ma ora aveva un nuovo amico per tutta la vita, Giorgio il gufo. Da quel giorno in poi, Luca e Giorgio esplorarono la foresta insieme, imparando molte cose e condividendo avventure indimenticabili.

E così, Luca il piccolo orso e Giorgio il gufo insegnarono a tutti che l'amicizia può nascere quando meno te lo aspetti, e che aiutare gli amici in difficoltà è un gesto speciale che riempie il cuore di gioia. E vissero tutti felici e contenti nella grande foresta.

The Little Bear and the Unknown Friend

Once upon a time, there was a little bear named Luca. He lived in the big forest with his mother and father. Luca was a very curious bear, and he loved exploring the woods every day.

One morning, as he ran through the trees, he heard a strange sound coming from behind a bush. Luca approached cautiously and discovered a trembling and frightened little creature. It was a young owl named George. The little owl had lost his way to his nest and felt very sad.

Luca, with his kind heart, decided to help George find his way home. They held hands and, guided by the stars and the lights of fireflies, embarked on their journey. Along the way, they became great friends. They told stories, sang songs, and shared the food Luca had brought with him.

Finally, they arrived at George's nest, where his mom and dad were very worried. They hugged Luca and thanked him for bringing their little owl home safe and sound.

Luca returned to his home in the big forest, but now he had a new friend for life, George the owl. From that day on, Luca and George explored the forest together, learning many things and sharing unforgettable adventures.

And so, Luca the little bear and George the owl taught everyone that friendship can be found when you least expect it, and that helping friends in need is a special gesture that fills the heart with joy. They all lived happily ever after in the big forest.

Il Coraggio del Piccolo Topo

C'era una volta un piccolo topo di nome Marco. Viveva in una tana accogliente all'interno di un grande campo di grano. Marco era un topo tranquillo e timido, ma aveva un grande sogno: voleva diventare un grande esploratore.

Un giorno, mentre passeggiava nel campo, Marco sentì una voce provenire da una buca profonda. Si avvicinò con cautela e scoprì un piccolo uccellino caduto nella buca. L'uccellino si chiamava Sofia e aveva una zampetta ferita. Era molto spaventata e aveva bisogno di aiuto.

Marco sapeva che non era un avventuriero come aveva sempre sognato di essere, ma aveva un cuore gentile. Senza esitazione, scese nella buca con un pezzo di filo e con molta attenzione tirò su Sofia. La piccola aveva una zampetta fasciata e non poteva volare.

Marco decise di prendersi cura di Sofia fino a quando non si fosse ripresa. Preparava piccoli pasti per lei e le raccontava storie di terre lontane. Con il tempo, i due diventarono inseparabili amici.

Un giorno, Sofia si riprese abbastanza da poter volare di nuovo. Era giunto il momento per lei di partire e continuare il suo viaggio. Marco si sentì triste all'idea di separarsi dalla sua amica, ma sapeva che doveva lasciarla andare.

Sofia alzò il volo e, mentre si allontanava, guardò Marco con gratitudine nei suoi occhi. Il piccolo topo aveva dimostrato a se stesso che il coraggio non significa essere il più forte o il più audace, ma il desiderio di aiutare gli altri quando hanno bisogno di te.

Marco tornò alla sua tana nel campo di grano, ma ora aveva una storia da raccontare e un cuore pieno di coraggio. E ogni notte guardava il cielo stellato, sapendo che Sofia era là fuori, volando libera, e che il suo piccolo gesto di gentilezza aveva fatto la differenza nel mondo.

The Courage of the Little Mouse

Once upon a time, there was a little mouse named Marco. He lived in a cozy burrow inside a vast wheat field. Marco was a quiet and shy mouse, but he had a big dream: he wanted to become a great explorer.

One day, while strolling through the field, Marco heard a voice coming from a deep hole. He approached cautiously and discovered a little bird fallen into the hole. The bird's name was Sofia, and she had a wounded leg. She was very scared and needed help.

Marco knew he wasn't an adventurer like he had always dreamed of being, but he had a kind heart. Without hesitation, he climbed down into the hole with a piece of string and carefully lifted Sofia out. The little bird had her leg bandaged and couldn't fly.

Marco decided to take care of Sofia until she recovered. He prepared small meals for her and told her stories of distant lands. Over time, the two became inseparable friends.

One day, Sofia had recovered enough to fly again. It was time for her to leave and continue her journey. Marco felt sad at the thought of parting from his friend, but he knew he had to let her go.

Sofia took flight, and as she soared away, she looked at Marco with gratitude in her eyes. The little mouse had proven to himself that courage doesn't mean being the strongest or the boldest, but the willingness to help others when they need you.

Marco returned to his burrow in the wheat field, but now he had a story to tell and a heart full of courage. And every night, he looked at the starry sky, knowing that Sofia was out there, flying free, and that his small act of kindness had made a difference in the world.

Il Mistero della Luna Smarrita

C'era una volta un piccolo gatto di nome Giulio che viveva in un tranquillo villaggio vicino a una grande foresta. Una notte, mentre guardava fuori dalla finestra della sua casa, notò qualcosa di strano: la luna era sparita dal cielo! Al suo posto, c'era solo buio.

Giulio sapeva che qualcosa non andava. Era un gattino molto coraggioso, e decise di scoprire cosa era successo alla luna. Prese una piccola lanterna e si incamminò nella foresta buia.

Nella foresta, Giulio incontrò vari animali notturni che erano preoccupati per la scomparsa della luna. C'era un gufo saggio, una lepre veloce e un roditore curioso. Insieme, decisero di formare una squadra per risolvere il mistero.

Seguendo il sentiero delle stelle e ascoltando i racconti degli animali, giunsero a una radura al centro della foresta. Lì, trovarono una creatura molto speciale: una piccola lucertola luminosa chiamata Luna. Luna era triste perché si era persa nel cielo notturno e non sapeva come tornare a casa.

Giulio e i suoi nuovi amici non si arresero. Usando la loro lanterna, crearono un percorso di luce nel cielo notturno per guidare Luna di nuovo a casa. Con grande gioia, la piccola lucertola luminosa seguì il sentiero di luce e tornò nel suo posto nel cielo.

La luna riapparve nel cielo, e tutto il villaggio festeggiò. Giulio e i suoi amici avevano risolto il mistero della luna smarrita e riportato la luce nel cuore della notte.

Da quel giorno in poi, la luna brillò più intensamente che mai, e Giulio e i suoi amici furono celebrati come eroi nel villaggio. Impararono che quando le persone e gli animali si uniscono per affrontare le sfide, possono compiere cose straordinarie e illuminare anche le notti più buie. E così, il villaggio e la foresta tornarono ad essere un posto di pace e serenità sotto la luce della luna.

The Mystery of the Lost Moon

Once upon a time, there was a little cat named Giulio who lived in a quiet village near a large forest. One night, as he looked out of his house's window, he noticed something strange: the moon had disappeared from the sky! In its place, there was only darkness.

Giulio knew something was wrong. He was a very brave kitten, and he decided to find out what had happened to the moon. He took a small lantern and ventured into the dark forest.

In the forest, Giulio encountered various nocturnal animals who were worried about the moon's disappearance. There was a wise owl, a swift hare, and a curious rodent. Together, they decided to form a team to solve the mystery.

Following the path of the stars and listening to the stories of the animals, they arrived at a clearing in the middle of the forest. There, they found a very special creature: a small luminous lizard named Luna. Luna was sad because she had gotten lost in the night sky and didn't know how to find her way home.

Giulio and his new friends didn't give up. Using their lantern, they created a path of light in the nighttime sky to guide Luna back home. With great joy, the little luminous lizard followed the path of light and returned to her place in the sky.

The moon reappeared in the sky, and the whole village celebrated. Giulio and his friends had solved the mystery of the lost moon and brought light back to the heart of the night.

From that day on, the moon shone brighter than ever, and Giulio and his friends were celebrated as heroes in the village. They learned that when people and animals come together to face challenges, they can accomplish extraordinary things and illuminate even the darkest nights. And so, the village and the forest once again became a place of peace and serenity under the moonlight.

L'Avventura del Piccolo Pesciolino

In un mare cristallino, viveva un piccolo pesciolino di nome Luca. Luca era diverso dagli altri pesci, aveva una scintillante squama dorata che lo faceva risaltare tra la folla. Nonostante la sua bellezza, era molto timido e passava gran parte del suo tempo nascosto tra le alghe.

Un giorno, mentre nuotava lungo la barriera corallina, Luca sentì un pianto provenire da una spaccatura nella roccia. Si avvicinò curioso e scoprì un granchio intrappolato tra gli scogli. Il granchio si chiamava Carlo ed era spaventato.

Luca, con il suo cuore gentile, decise di aiutare Carlo. Con la sua squama dorata, riuscì a far scintillare una luce brillante che illuminò la spaccatura nella roccia, permettendo a Carlo di uscire in libertà. Carlo era così grato a Luca che lo invitò a condividere il suo rifugio tra le rocce.

Luca accettò l'invito e iniziò a vivere con Carlo tra gli scogli. Con il tempo, divennero inseparabili amici. Luca imparò a diventare più coraggioso mentre esplorava il mondo insieme a Carlo. Scoprirono tesori nascosti, nuotarono tra le meduse danzanti e condivisero storie sotto la luce della luna.

Un giorno, un pesce palla minacciò di invadere il loro rifugio. Luca, nonostante la sua natura timida, decise di proteggere il suo amico Carlo. Con un gesto audace, fece brillare la sua squama dorata tanto intensamente da spaventare il pesce palla, che fuggì via.

Carlo guardò Luca con ammirazione e disse: "Sei il mio eroe, Luca!"

Da quel giorno in poi, Luca non era più solo un piccolo pesciolino timido, ma un eroe scintillante che aveva conquistato il rispetto di tutti nel mare. E lui aveva imparato che anche le creature più timide possono trovare il coraggio quando c'è amore e amicizia nel loro cuore. Luca e Carlo continuarono le loro avventure sotto il mare, affrontando insieme qualsiasi sfida che si presentasse.

The Adventure of the Little Fish

In a crystal-clear sea, there lived a little fish named Luca. Luca was different from the other fish; he had a sparkling golden scale that made him stand out in the crowd. Despite his beauty, he was very shy and spent most of his time hidden among the seaweed.

One day, while swimming along the coral reef, Luca heard crying coming from a crack in the rocks. He approached curiously and discovered a crab trapped between the boulders. The crab's name was Carlo, and he was frightened.

Luca, with his kind heart, decided to help Carlo. Using his golden scale, he managed to create a bright light that illuminated the crack in the rocks, allowing Carlo to escape to freedom. Carlo was so grateful to Luca that he invited him to share his shelter among the rocks.

Luca accepted the invitation and began to live with Carlo among the rocks. Over time, they became inseparable friends. Luca learned to become braver as he explored the world together with Carlo. They discovered hidden treasures, swam among dancing jellyfish, and shared stories under the moonlight.

One day, a pufferfish threatened to invade their shelter. Luca, despite his shy nature, decided to protect his friend Carlo. With a bold gesture, he made his golden scale shine so brightly that it scared the pufferfish away.

Carlo looked at Luca with admiration and said, "You're my hero, Luca!"

From that day on, Luca was no longer just a timid little fish but a sparkling hero who had earned the respect of everyone in the sea. And he learned that even the shyest creatures can find courage when there is love and friendship in their hearts. Luca and Carlo continued their adventures beneath the sea, facing any challenge that came their way together.

L'Albero Magico

In un piccolo villaggio circondato da una vasta foresta, c'era un albero magico noto come l'Albero della Speranza. Questo albero era speciale perché ogni anno, nel giorno del solstizio d'estate, produceva frutti magici che potevano avverare un desiderio per chiunque li mangiasse.

Un anno, nel villaggio, c'era un ragazzo di nome Matteo. Matteo era un giovane pastore con grandi sogni. Sognava di viaggiare in terre lontane e vedere il mondo al di là del suo piccolo villaggio. Tuttavia, non aveva i mezzi per farlo, e il suo sogno sembrava irraggiungibile.

Il giorno del solstizio d'estate, tutto il villaggio si radunò sotto l'Albero della Speranza per raccogliere i frutti magici. Ognuno aveva un desiderio nel cuore mentre afferrava un frutto maturato sulla magica chioma dell'albero. Matteo, con gli occhi pieni di speranza, scelse un frutto e fece un desiderio sincero di viaggiare e vedere il mondo.

Quando morse il frutto, un calore magico lo avvolse, e si trovò improvvisamente in una terra lontana e sconosciuta. Era sorpreso e incantato da ciò che vedeva. Viaggiò attraverso montagne, foreste, deserti e oceani, imparando molte cose lungo la strada. Viveva avventure indimenticabili e incontrava persone provenienti da culture diverse.

Anni dopo, Matteo decise di tornare al suo villaggio natale. Quando lo fece, portò con sé non solo racconti straordinari delle sue avventure, ma anche la saggezza e l'apertura mentale acquisite nel corso dei suoi viaggi. Condivise le sue esperienze con gli abitanti del villaggio, ispirandoli ad abbracciare la diversità e a coltivare il loro senso di speranza.

L'Albero della Speranza continuò a produrre i suoi frutti magici per molti anni, avverando i desideri di molte persone nel villaggio. Ma l'esperienza di Matteo insegnò loro che, a volte, il viaggio in sé è più prezioso del desiderio esaudito. E impararono che l'apertura alla diversità e la condivisione delle esperienze possono portare a una vita arricchita e significativa.

E così, il piccolo villaggio sotto l'ombra dell'Albero della Speranza divenne un luogo di comprensione e accoglienza, dove ogni desiderio e ogni avventura erano apprezzati e condivisi con il cuore aperto.

The Magic Tree

In a small village surrounded by a vast forest, there was a magical tree known as the Tree of Hope. This tree was special because every year, on the day of the summer solstice, it produced magical fruits that could grant a wish to anyone who ate them.

One year in the village, there was a boy named Matteo. Matteo was a young shepherd with big dreams. He dreamed of traveling to distant lands and seeing the world beyond his small village. However, he didn't have the means to do so, and his dream seemed unattainable.

On the day of the summer solstice, the entire village gathered beneath the Tree of Hope to collect the magical fruits. Each person had a wish in their heart as they plucked a ripe fruit from the tree's magical branches. Matteo, with hope in his eyes, chose a fruit and made a sincere wish to travel and see the world.

When he bit into the fruit, a magical warmth enveloped him, and he suddenly found himself in a distant and unknown land. He was surprised and enchanted by what he saw. He traveled through mountains, forests, deserts, and oceans, learning many things along the way. He lived unforgettable adventures and met people from diverse cultures.

Years later, Matteo decided to return to his hometown. When he did, he brought not only extraordinary tales of his adventures but also the wisdom and open-mindedness he had gained during his travels. He shared his experiences with the villagers, inspiring them to embrace diversity and cultivate their sense of hope.

The Tree of Hope continued to produce its magical fruits for many years, granting wishes to many people in the village. But Matteo's experience taught them that sometimes the journey itself is more precious than the granted wish. And they learned that openness to diversity and sharing experiences can lead to a rich and meaningful life.

And so, the small village beneath the shade of the Tree of Hope became a place of understanding and acceptance, where every wish and adventure was appreciated and shared with an open heart.

Il Piccolo Artista e il Segreto dell'Arcobaleno

In un tranquillo villaggio di campagna, c'era un piccolo bambino di nome Luca. Luca era un artista nato, con una passione per i colori e la pittura. Passava ore a dipingere paesaggi e ritratti che incantavano chiunque li vedesse.

Un giorno, mentre Luca stava dipingendo un meraviglioso paesaggio, notò qualcosa di magico: un piccolo pennello d'oro era caduto dal cielo. Luca lo raccolse e si accorse che quando lo usava per dipingere, i suoi quadri acquisivano vita. Gli animali raffigurati nelle sue opere prendevano vita e si muovevano tra i pennellate di colore.

Luca era entusiasta del suo nuovo potere, e ben presto il suo villaggio fu affollato di persone venute da lontano per vedere le sue straordinarie opere d'arte. Ogni quadro che dipingeva diventava una scena vivente, e il suo talento era conosciuto in tutto il paese.

Tuttavia, Luca aveva un segreto. Non voleva che nessuno sapesse del pennello magico, perché temeva che la sua arte potesse essere sminuita. Passava le notti a dipingere in segreto, creando quadri magici che solo lui poteva vedere.

Un giorno, un vecchio pittore itinerante visitò il villaggio. Era un maestro nell'arte e aveva occhi esperti. Guardando le opere di Luca, notò qualcosa di straordinario. Scoprì il segreto del pennello d'oro e, anziché rivelarlo, si avvicinò a Luca e gli disse: "Hai un talento straordinario, Luca. Ma ricorda, il vero valore dell'arte sta nel condividere la bellezza con il mondo."

Le parole del vecchio pittore fecero riflettere Luca. Finalmente, decise di condividere il suo segreto con il mondo. Durante una grande mostra d'arte nel villaggio, dipinse un meraviglioso paesaggio usando il pennello d'oro, permettendo a tutti di vedere la magia dell'arte prendere vita.

La mostra fu un successo, e Luca divenne famoso in tutto il paese non solo per il suo talento artistico, ma anche per la generosità di condividere la bellezza con gli altri. Le persone ammiravano non solo i suoi quadri, ma anche il suo spirito gentile.

E così, Luca imparò che la vera bellezza dell'arte risiede nell'ispirare e nel condividere con gli altri. Il suo pennello d'oro rimase un tesoro nelle sue mani, ma il suo cuore generoso lo rese un vero artista nel cuore di tutti. Il suo villaggio divenne un luogo di ispirazione e meraviglia, dove la magia dell'arte e dell'amicizia si intrecciavano come i colori di un arcobaleno.

The Little Artist and the Secret of the Rainbow

In a peaceful countryside village, there was a little boy named Luca. Luca was a natural artist, passionate about colors and painting. He spent hours creating landscapes and portraits that enchanted anyone who saw them.

One day, while Luca was painting a marvelous landscape, he noticed something magical: a small golden paintbrush had fallen from the sky. Luca picked it up and realized that when he used it to paint, his paintings came to life. The animals depicted in his works came to life and moved within the strokes of color.

Luca was thrilled with his newfound power, and soon his village was filled with people from far and wide who came to see his extraordinary artwork. Every painting he created became a living scene, and his talent was known throughout the country.

However, Luca had a secret. He didn't want anyone to know about the magical paintbrush, fearing that his art might be diminished. He spent nights secretly painting, creating magical paintings that only he could see.

One day, an old wandering painter visited the village. He was a master in the art and had experienced eyes. As he looked at Luca's paintings, he noticed something extraordinary. He discovered the secret of the golden paintbrush, and instead of revealing it, he approached Luca and said, "You have an extraordinary talent, Luca. But remember, the true value of art lies in sharing beauty with the world."

The words of the old painter made Luca reflect. Finally, he decided to share his secret with the world. During a grand art exhibition in the village, he painted a magnificent landscape using the golden paintbrush, allowing everyone to witness the magic of art coming to life.

The exhibition was a success, and Luca became famous throughout the country not only for his artistic talent but also for his generosity in sharing beauty with others. People admired not only his paintings but also his kind spirit.

And so, Luca learned that the true beauty of art lies in inspiring and sharing with others. His golden paintbrush remained a treasure in his hands, but his generous heart made him a true artist in the hearts of everyone. His village became a place of inspiration and wonder, where the magic of art and friendship intertwined like the colors of a rainbow.

L'Avventura del Piccolo Esploratore

In un piccolo villaggio ai piedi di una maestosa catena montuosa, viveva un giovane ragazzo di nome Marco. Marco era un appassionato esploratore, sempre affascinato dai misteri della natura che lo circondava. Non importava quanto fosse piccolo il suo villaggio, perché la sua immaginazione era senza limiti.

Un giorno, mentre passeggiava lungo il fiume che scorreva vicino al suo villaggio, Marco notò qualcosa di strano sull'altra sponda. Era una caverna nascosta dietro una cascata, e l'acqua che la attraversava scintillava come diamanti al sole. Era un luogo misterioso e invitante che non poteva resistere a esplorare.

Marco decise di attraversare il fiume e scoprire cosa si nascondesse dietro quella cascata. Dopo un'avventurosa traversata, entrò nella caverna e si trovò in un mondo sotterraneo incredibile. Le pareti erano adornate da cristalli luminosi, e il suolo era costellato di gemme scintillanti.

Mentre esplorava la caverna, Marco fece una scoperta straordinaria. In una piccola nicchia, trovò un uovo di drago, luminoso come l'argento. Era caldo al tatto e sembrava pieno di vita. Marco sapeva che doveva prendersi cura di quell'uovo e portarlo al villaggio per proteggerlo.

Con grande cautela, prese l'uovo e lo portò con sé attraverso la cascata. Tornato nel suo villaggio, informò gli abitanti della sua scoperta. Tutti si meravigliarono di quell'uovo di drago e decisero di proteggerlo insieme.

Le settimane passarono, e l'uovo di drago cominciò a tremare e a crepitare. Infine, si schiuse, rivelando un piccolo drago di nome Aurora. Aurora era affettuosa e gentile, e Marco divenne il suo miglior amico e compagno di avventure.

Aurora cresceva rapidamente e, con il tempo, diventò abbastanza grande da poter volare. Marco e Aurora intrapresero incredibili viaggi attraverso le montagne, esplorando le terre circostanti e portando gioia e meraviglia ovunque andassero.

La storia di Marco e Aurora si diffuse ben oltre il loro piccolo villaggio, ispirando altre persone a cercare avventure e a preservare la bellezza e la meraviglia della natura. Marco aveva dimostrato che l'esplorazione non conosce limiti, e l'amicizia può nascere nei luoghi più inaspettati.

E così, Marco e Aurora continuarono le loro avventure, con il mondo intero come loro playground, dimostrando che la bellezza e l'amicizia sono tesori preziosi che possono essere trovati ovunque, anche dietro una cascata nascosta.

The Adventure of the Little Explorer

In a small village at the foot of a majestic mountain range, lived a young boy named Marco. Marco was a passionate explorer, always fascinated by the mysteries of the nature that surrounded him. No matter how small his village was, his imagination knew no bounds.

One day, while walking along the river that flowed near his village, Marco noticed something strange on the other bank. It was a cave hidden behind a waterfall, and the water flowing through it shimmered like diamonds in the sun. It was a mysterious and inviting place that he couldn't resist exploring.

Marco decided to cross the river and find out what lay behind that waterfall. After an adventurous journey across, he entered the cave and found himself in an incredible underground world. The walls were adorned with luminous crystals, and the ground was strewn with sparkling gems.

As he explored the cave, Marco made an extraordinary discovery. In a small niche, he found a dragon egg, shining like silver. It was warm to the touch and seemed full of life. Marco knew he had to take care of that egg and bring it back to the village to protect it.

With great care, he took the egg and brought it back through the waterfall. Back in his village, he informed the villagers of his discovery. Everyone marveled at the dragon egg and decided to protect it together.

Weeks passed, and the dragon egg began to tremble and crack. Finally, it hatched, revealing a small dragon named Aurora. Aurora was affectionate and gentle, and Marco became her best friend and adventure companion.

Aurora grew rapidly and, in time, became large enough to fly. Marco and Aurora embarked on incredible journeys through the mountains, exploring the surrounding lands and bringing joy and wonder wherever they went.

The story of Marco and Aurora spread far beyond their small village, inspiring others to seek adventures and preserve the beauty and wonder of nature. Marco had shown that exploration knows no bounds, and friendship can be found in the most unexpected places.

And so, Marco and Aurora continued their adventures, with the whole world as their playground, proving that beauty and friendship are precious treasures that can be found anywhere, even behind a hidden waterfall.

Il Mistero del Bosco Incantato

In un remoto villaggio circondato da una fitta foresta, viveva una giovane ragazza di nome Sofia. Sofia era una bambina curiosa e aveva sentito molte storie sul bosco incantato che si trovava oltre i confini del villaggio. Dicono che il bosco fosse popolato da creature magiche e che nascondesse segreti misteriosi.

Un giorno, mentre vagava tra gli alberi in cerca di bacche, Sofia si addentrò nel bosco incantato. Era un luogo diverso da tutto ciò che aveva mai visto. Gli alberi sembravano danzare con la brezza, e gli uccelli cantavano melodie incantevoli.

Mentre esplorava il bosco, Sofia scoprì un antico albero con un tronco cavo. Dentro, trovò un piccolo orsacchiotto di peluche con occhi scintillanti. Sembrava vivo! Sofia lo prese tra le mani e lo chiamò Luca.

Luca, l'orsacchiotto, si rivelò essere una creatura magica, capace di comprendere e parlare con Sofia. Raccontò a Sofia di un antico mistero che circondava il bosco incantato: il Bosco Custode. Si diceva che solo coloro con un cuore gentile e il desiderio di proteggere il bosco potessero svelare il segreto.

Sofia e Luca decisero di risolvere il mistero. Iniziarono a esplorare il bosco incantato, imparando dai suoi abitanti magici e ascoltando il susseguirsi delle foglie nei venti che sussurravano antiche storie. Lungo il percorso, trovarono indizi e risolsero enigmi che li avvicinavano sempre di più al cuore del mistero.

Finalmente, in una radura al centro del bosco, Sofia e Luca trovarono un antico altare di pietra. Lì, trovarono una sfera di cristallo scintillante, il Cuore del Bosco Custode. Sofia lo prese tra le mani, e il bosco rispose con una luce radiante.

Il Bosco Custode rivelò il suo segreto a Sofia e Luca: la sua magia dipendeva dall'amore e dalla cura che le persone mostravano per la natura. Era il cuore gentile di Sofia e il suo desiderio di proteggere il bosco che avevano svelato il mistero.

Sofia e Luca continuarono a esplorare il bosco incantato, ma ora lo facevano non solo con meraviglia, ma anche con il dovere di proteggerlo. Il loro legame con il Bosco Custode era ora un segreto che condividevano con il mondo, ispirando tutti a rispettare e preservare la bellezza della natura.

E così, il mistero del Bosco Incantato divenne una storia di amore, cura e comprensione per la natura, insegnando a tutti che quando si rispetta il mondo naturale, esso rivela la sua magia più profonda.

The Mystery of the Enchanted Forest

In a remote village surrounded by a dense forest, lived a young girl named Sofia. Sofia was a curious child and had heard many stories about the enchanted forest that lay beyond the village's borders. They said that the forest was inhabited by magical creatures and that it concealed mysterious secrets.

One day, while wandering among the trees in search of berries, Sofia ventured into the enchanted forest. It was a place unlike anything she had ever seen. The trees seemed to dance with the breeze, and the birds sang enchanting melodies.

As she explored the forest, Sofia stumbled upon an ancient tree with a hollow trunk. Inside, she found a small teddy bear with sparkling eyes. It seemed alive! Sofia took it in her hands and named it Luca.

Luca, the teddy bear, turned out to be a magical creature, capable of understanding and speaking with Sofia. He told Sofia about an ancient mystery that surrounded the enchanted forest: the Forest Guardian. It was said that only those with a kind heart and the desire to protect the forest could uncover the secret.

Sofia and Luca decided to solve the mystery. They began to explore the enchanted forest, learning from its magical inhabitants and listening to the rustling of the leaves in the winds that whispered ancient tales. Along the way, they found clues and solved riddles that brought them closer and closer to the heart of the mystery.

Finally, in a clearing at the center of the forest, Sofia and Luca found an ancient stone altar. There, they discovered a sparkling crystal sphere, the Heart of the Forest Guardian. Sofia held it in her hands, and the forest responded with radiant light.

The Forest Guardian revealed its secret to Sofia and Luca: its magic depended on the love and care that people showed for nature. It was Sofia's kind heart and her desire to protect the forest that had unveiled the mystery.

Sofia and Luca continued to explore the enchanted forest, but now they did it not only with wonder but also with the duty to protect it. Their bond with the Forest Guardian was now a secret they shared with the world, inspiring everyone to respect and preserve the beauty of nature.

And so, the mystery of the Enchanted Forest became a story of love, care, and understanding for nature, teaching everyone that when you respect the natural world, it reveals its deepest magic.

La Luna e il Gattino Stellare

In una notte serena, nel cuore di un piccolo villaggio, c'era un gattino curioso di nome Luna. Luna aveva una pelliccia nera e stellata, con piccole stelle bianche che sembravano brillare al chiaro di luna. Era diverso dagli altri gatti del villaggio e amava passare le notti a guardare le stelle.

Una notte, mentre Luna passeggiava tra le strade deserte del villaggio, vide una luce cadere dal cielo. Era una piccola stella cadente che aveva perso la sua strada. Luna, con la sua natura curiosa, la raccolse con una zampa e la tenne al sicuro.

La stella si chiamava Stella e si sentiva smarrita nel mondo degli uomini. Luna, con la sua gentilezza, decise di aiutare Stella a tornare a casa. Insieme, salirono su un tetto alto e Luna fece un balzo, lanciando Stella verso il cielo stellato.

Stella risalì verso il firmamento e iniziò a brillare ancora più intensamente. Era grata a Luna per l'aiuto, ma non voleva lasciarlo. Così, ogni notte, Stella scendeva dal cielo per passare del tempo con Luna.

Le notti divennero magiche per Luna e Stella. Luna raccontava storie sulla vita nel villaggio, e Stella raccontava storie di mondi lontani nelle galassie. Insieme, impararono ad apprezzare il mondo sia sulla Terra che tra le stelle.

Un giorno, un gruppo di scienziati visitò il villaggio e notò la pelliccia stellata di Luna. Erano affascinati dalla sua unicità e decisero di portarlo con loro in un osservatorio per studiarlo. Luna era titubante, ma capiva che poteva aiutare a fare nuove scoperte sullo spazio.

Stella rimase triste per la partenza di Luna, ma gli promisero che sarebbero sempre stati uniti attraverso la notte stellata. E così fu. Ogni notte, Stella scendeva dal cielo per raccontare a Luna le ultime scoperte scientifiche e condividere la bellezza delle stelle.

Luna divenne una star dell'osservatorio, ma il suo cuore apparteneva sempre a Stella e alle notti stellate con il suo amico. Anche se erano separati dalla distanza, il legame tra Luna e Stella dimostrava che l'amicizia può superare qualsiasi sfida, anche quella delle galassie.

The Moon and the Stellar Kitten

On a clear night, in the heart of a small village, there was a curious kitten named Luna. Luna had a fur that was black and starry, with small white stars that seemed to shine in the moonlight. She was different from the other village cats and loved spending her nights gazing at the stars.

One night, while Luna was strolling through the quiet village streets, she saw a light falling from the sky. It was a small shooting star that had lost its way. Luna, with her curious nature, picked it up with her paw and kept it safe.

The shooting star was named Stella and felt lost in the world of humans. Luna, with her kindness, decided to help Stella find her way back home. Together, they climbed onto a high rooftop, and Luna leaped, sending Stella back into the starry sky.

Stella ascended back into the firmament and began to shine even more brightly. She was grateful to Luna for her help but didn't want to leave her. So, every night, Stella descended from the sky to spend time with Luna.

The nights became magical for Luna and Stella. Luna would tell stories about life in the village, and Stella would share tales of distant worlds in the galaxies. Together, they learned to appreciate both the world on Earth and the one among the stars.

One day, a group of scientists visited the village and noticed Luna's starry fur. They were fascinated by its uniqueness and decided to take Luna with them to an observatory for study. Luna was hesitant, but she understood that she could help make new discoveries about space.

Stella was sad about Luna's departure, but they promised that they would always be connected through the starry night. And so it was. Every night, Stella descended from the sky to tell Luna about the latest scientific discoveries and share the beauty of the stars.

Luna became a star at the observatory, but her heart always belonged to Stella and the starry nights with her friend. Even though they were separated by distance, the bond between Luna and Stella showed that friendship can overcome any challenge, even that of galaxies.

Il Mistero della Chiave d'Argento

In un antico castello ai margini di un oscuro bosco, viveva un giovane erede di nome Alessio. La sua famiglia aveva custodito il castello per generazioni, ma c'era un mistero che da sempre affascinava Alessio: la leggenda della Chiave d'Argento.

Si diceva che la Chiave d'Argento aprisse una porta segreta all'interno del castello, dietro la quale si celava un antico tesoro. Tuttavia, nessuno sapeva dove si trovasse la chiave o come aprirla.

Alessio era deciso a risolvere il mistero. Passava ore a studiare antichi manoscritti e a esplorare ogni angolo del castello alla ricerca di indizi. La sua determinazione era insaziabile, e il mistero lo consumava giorno dopo giorno.

Un giorno, mentre esaminava un antico ritratto di famiglia, notò qualcosa di insolito. Nell'immagine, un antenato teneva in mano una chiave d'argento, e la luce della luna brillava su di essa. Era un indizio che Alessio non aveva mai notato prima.

Con grande eccitazione, Alessio si mise alla ricerca della chiave. Esplorò segreti corridoi e stanze dimenticate del castello. Finalmente, nei meandri più profondi, trovò un piccolo forziere arrugginito. Quando lo aprì, vide la Chiave d'Argento scintillare alla luce della sua lanterna.

Con cuore accelerato, Alessio portò la chiave fino alla porta segreta che nessuno aveva mai aperto. Con un clic misterioso, la chiave si adattò perfettamente alla serratura, e la porta si aprì lentamente.

Dietro la porta, Alessio trovò una stanza piena di tesori antichi, da monete d'oro a gioielli scintillanti. Ma il vero tesoro era la conoscenza che aveva acquisito durante la sua ricerca. Aveva dimostrato che la perseveranza e la dedizione potevano svelare i misteri più profondi.

Alessio condivise la sua scoperta con il suo villaggio, e il castello divenne un luogo di ispirazione per tutti. La storia della Chiave d'Argento insegnò che, anche nelle sfide più grandi, la determinazione può condurre alla vittoria e alla scoperta di tesori nascosti, sia dentro che fuori di noi.

The Mystery of the Silver Key

In an ancient castle at the edge of a dark forest lived a young heir named Alessio. His family had guarded the castle for generations, but there was a mystery that had always fascinated Alessio: the legend of the Silver Key.

It was said that the Silver Key opened a secret door inside the castle, behind which hid an ancient treasure. However, no one knew where the key was or how to unlock it.

Alessio was determined to solve the mystery. He spent hours studying ancient manuscripts and exploring every corner of the castle in search of clues. His determination was insatiable, and the mystery consumed him day after day.

One day, while examining an old family portrait, he noticed something unusual. In the picture, an ancestor held a silver key in his hand, and the moonlight shone upon it. It was a clue that Alessio had never noticed before.

With great excitement, Alessio began searching for the key. He explored secret hallways and forgotten rooms of the castle. Finally, in the deepest recesses, he found a small, rusted chest. When he opened it, he saw the Silver Key glistening in the light of his lantern.

With a racing heart, Alessio brought the key to the secret door that no one had ever opened. With a mysterious click, the key fit perfectly into the lock, and the door opened slowly.

Behind the door, Alessio found a room filled with ancient treasures, from gold coins to sparkling jewels. But the true treasure was the knowledge he had gained during his quest. He had proven that perseverance and dedication could uncover the deepest mysteries.

Alessio shared his discovery with his village, and the castle became a place of inspiration for everyone. The story of the Silver Key taught that even in the greatest challenges, determination can lead to victory and the discovery of hidden treasures, both within and outside of ourselves.

Il Giardino delle Farfalle Magiche

In un piccolo villaggio circondato da lussureggianti campi e fiori, c'era una giovane ragazza di nome Isabella. Isabella aveva sempre amato le farfalle. Ogni giorno, passeggiava tra i campi a caccia di farfalle colorate che danzavano tra i fiori.

Un giorno, mentre seguiva una farfalla particolarmente vivace, si ritrovò in un angolo del campo che non aveva mai visto prima. C'era una porta segreta nascosta tra gli alberi, coperta da rampicanti di rose rosse.

Curiosa, Isabella aprì la porta e si trovò in un giardino segreto, illuminato da una luce dorata. Il giardino era popolato da farfalle di dimensioni straordinarie, con ali lucenti come gioielli. Erano le Farfalle Magiche.

Le Farfalle Magiche erano speciali. Possedevano il potere di concedere desideri a chiunque le incontrasse. Tuttavia, c'era una regola: avresti potuto chiedere solo un desiderio, e doveva essere un desiderio puro e sincero.

Isabella, con gli occhi pieni di meraviglia, chiese alle Farfalle Magiche di rendere il suo villaggio un posto ancora più bello, dove fiori e natura prosperavano e tutti erano felici. Le farfalle accettarono il suo desiderio e iniziarono a danzare nell'aria, creando un vortice di luce e colori.

Il giorno successivo, Isabella tornò al suo villaggio. Non appena mise piede nei campi, notò che tutto era cambiato. I fiori erano diventati più brillanti e colorati, gli alberi erano più alti e i sorrisi sul volto delle persone erano più luminosi che mai. Il suo desiderio era stato esaudito.

Il villaggio divenne famoso per la sua bellezza, attirando persone da tutto il mondo. Isabella raccontò loro la storia delle Farfalle Magiche e del loro potere di realizzare desideri. Il giardino segreto rimase nascosto agli occhi di tutti, ma il suo influsso positivo si diffondeva ovunque.

Isabella continuò a visitare il giardino delle Farfalle Magiche di tanto in tanto, chiedendo solo desideri che portassero felicità e prosperità al suo villaggio. Con il tempo, imparò che il vero potere dei desideri stava nell'atto di condividerli con gli altri, portando gioia a chiunque incontrasse.

E così, il giardino delle Farfalle Magiche e la generosità di Isabella resero il suo villaggio un luogo straordinario, dove i desideri si avveravano e la bellezza della natura floreva in tutto il suo splendore.

The Garden of Magical Butterflies

In a small village surrounded by lush fields and flowers, there was a young girl named Isabella. Isabella had always loved butterflies. Every day, she would walk through the fields in search of colorful butterflies dancing among the flowers.

One day, while following a particularly lively butterfly, she found herself in a corner of the field that she had never seen before. There was a secret door hidden among the trees, covered in vines of red roses.

Curious, Isabella opened the door and found herself in a secret garden, illuminated by a golden light. The garden was populated by butterflies of extraordinary size, with wings that shimmered like jewels. They were the Magical Butterflies.

The Magical Butterflies were special. They possessed the power to grant wishes to anyone who encountered them. However, there was one rule: you could only make one wish, and it had to be a pure and sincere wish.

With wonder in her eyes, Isabella asked the Magical Butterflies to make her village an even more beautiful place, where flowers and nature thrived, and everyone was happy. The butterflies granted her wish and began to dance in the air, creating a whirlwind of light and colors.

The next day, Isabella returned to her village. As soon as she stepped into the fields, she noticed that everything had changed.

The flowers had become brighter and more colorful, the trees were taller, and the smiles on people's faces were brighter than ever. Her wish had been granted.

The village became famous for its beauty, attracting people from all over the world. Isabella told them the story of the Magical Butterflies and their power to grant wishes. The secret garden remained hidden from everyone's eyes, but its positive influence spread far and wide.

Isabella continued to visit the garden of the Magical Butterflies from time to time, asking only for wishes that brought happiness and prosperity to her village. Over time, she learned that the true power of wishes lay in the act of sharing them with others, bringing joy to everyone she met.

And so, the garden of the Magical Butterflies and Isabella's generosity made her village an extraordinary place, where wishes came true, and the beauty of nature flourished in all its splendor.

L'Avventura di Marco e il Drago delle Stelle

In una notte stellata, nel cuore di un antico bosco, viveva un giovane ragazzo di nome Marco. Marco era un sognatore, con occhi pieni di meraviglia per il cielo notturno. Amava osservare le stelle, immaginando le avventure che si nascondevano tra di esse.

Una notte, mentre Marco guardava il cielo dalla finestra della sua stanza, vide una stella cadente attraversare il firmamento. Era un segno, pensò Marco, un segno che lo invitava a partire per un'incredibile avventura.

Senza esitazione, Marco preparò uno zaino con provviste e una mappa stellare. Si diresse verso il bosco, seguendo il sentiero delle stelle cadenti. Mentre camminava, sentiva che le stelle lo guidavano in avanti, come se lo stessero conducendo verso qualcosa di speciale.

Dopo molte notti di cammino, Marco arrivò a un luogo magico, dove le stelle scintillavano più intensamente che mai. Al centro di quel luogo, trovò un piccolo drago con ali luminose, il Drago delle Stelle.

Il Drago delle Stelle era un custode del cielo notturno, incaricato di proteggere le stelle e le loro storie. Era sorpreso di vedere Marco e gli chiese perché fosse lì.

Marco spiegò al Drago delle Stelle il suo desiderio di avventura e il suo amore per le stelle. Il Drago, colpito dalla passione di Marco, gli offrì di volare con lui attraverso il cielo notturno.

Marco accettò con gioia e si arrampicò sulla schiena del Drago delle Stelle. Insieme, salirono nell'alto del cielo stellato. Attraversarono costellazioni, visitarono galassie remote e persino danzarono tra le nebulose luminose.

Durante il loro viaggio celeste, Marco imparò molte storie delle stelle e dei loro segreti. Il Drago delle Stelle gli insegnò a leggere il linguaggio delle stelle e a comprendere la bellezza del cosmo.

All'alba, Marco e il Drago delle Stelle tornarono al bosco. Marco sapeva che il suo viaggio aveva raggiunto la fine, ma il suo cuore era pieno di gratitudine per l'esperienza straordinaria che aveva vissuto.

Da quella notte in poi, Marco continuò a guardare le stelle con una comprensione più profonda e condivise le storie del cielo con le persone del suo villaggio. Ogni notte, il Drago delle Stelle continuava a sorvolare il bosco, portando con sé la magia delle stelle e l'amicizia di Marco.

E così, l'avventura di Marco e il Drago delle Stelle dimostrarono che le stelle possono essere non solo fonte di ispirazione, ma anche portatrici di meravigliose avventure e amicizie inimmaginabili.

Marco's Adventure and the Star Dragon

On a starry night, in the heart of an ancient forest, lived a young boy named Marco. Marco was a dreamer, with eyes full of wonder for the nighttime sky. He loved to gaze at the stars, imagining the adventures that hid among them.

One night, as Marco watched the sky from his bedroom window, he saw a shooting star streak across the firmament. It was a sign, Marco thought, a sign inviting him on an incredible adventure.

Without hesitation, Marco packed a backpack with supplies and a star map. He headed into the forest, following the path of the shooting stars. As he walked, he felt that the stars were guiding him forward, as if they were leading him toward something special.

After many nights of walking, Marco arrived at a magical place where the stars shone more brightly than ever. At the center of this place, he found a small dragon with luminous wings, the Star Dragon.

The Star Dragon was a guardian of the nighttime sky, tasked with protecting the stars and their stories. It was surprised to see Marco and asked him why he was there.

Marco explained to the Star Dragon his desire for adventure and his love for the stars. The Dragon, moved by Marco's passion, offered to fly with him through the nighttime sky.

Marco joyfully accepted and climbed onto the back of the Star Dragon. Together, they ascended into the high night sky. They traversed constellations, visited remote galaxies, and even danced among the bright nebulas.

During their celestial journey, Marco learned many stories of the stars and their secrets. The Star Dragon taught him to read the language of the stars and to understand the beauty of the cosmos.

At dawn, Marco and the Star Dragon returned to the forest. Marco knew that his journey had come to an end, but his heart was filled with gratitude for the extraordinary experience he had lived.

From that night on, Marco continued to look at the stars with a deeper understanding and shared the stories of the sky with the people in his village. Every night, the Star Dragon continued to soar over the forest, bringing with it the magic of the stars and Marco's friendship.

And so, Marco's adventure and the Star Dragon demonstrated that the stars can be not only a source of inspiration but also carriers of wonderful adventures and unimaginable friendships.

Il Regno delle Foglie Parlanti

In un remoto angolo della foresta, c'era un luogo magico noto come il "Regno delle Foglie Parlanti". Questo regno era abitato da foglie speciali, ciascuna con la capacità di parlare e raccontare storie.

Un giorno, un giovane esploratore di nome Carlo decise di intraprendere un'avventura per trovare il Regno delle Foglie Parlanti di cui aveva sentito parlare nelle leggende del suo villaggio. Portò con sé solo una piccola borsa con cibo e acqua e si addentrò nella foresta profonda.

Dopo giorni di cammino attraverso boschi fitti e sentieri tortuosi, Carlo scoprì un luogo segreto, dove le foglie degli alberi sussurravano tra loro. Si avvicinò con curiosità, e le foglie iniziarono a raccontare storie di antichi tempi e avventure incredibili.

Carlo ascoltò affascinato le storie delle foglie parlanti. Ogni foglia aveva una storia diversa da condividere: c'era la foglia che aveva assistito a una lotta tra un coraggioso cavaliere e un drago feroce, e c'era la foglia che aveva visto un arcobaleno brillante sopra una cascata incantata.

Carlo decise di rimanere nel Regno delle Foglie Parlanti e imparò a comunicare con loro. Con il tempo, divenne amico delle foglie e ascoltò le loro storie ogni giorno. In cambio, raccontò loro storie delle sue avventure e del mondo al di là della foresta.

Un giorno, Carlo apprese da una foglia speciale dell'esistenza di un tesoro nascosto nei pressi del regno. Era un antico scrigno d'oro che custodiva gioielli e tesori inestimabili. Carlo decise di cercare il tesoro, guidato dalle foglie parlanti.

Le foglie lo condussero attraverso un intricato labirinto di alberi e radici, fino a una chiara radura dove il tesoro giaceva sepolto. Con l'aiuto delle foglie, Carlo scoprì il tesoro e lo portò nel Regno delle Foglie Parlanti.

Il ritorno di Carlo con il tesoro portò gioia tra le foglie, ma la cosa più preziosa che aveva guadagnato era l'amicizia e la conoscenza delle storie che aveva condiviso con loro.

Carlo decise di condividere il tesoro con il suo villaggio e invitò gli altri a visitare il Regno delle Foglie Parlanti per ascoltare le storie incantevoli che le foglie avevano da raccontare. Il regno divenne un luogo di ispirazione e apprendimento, dove le persone potevano connettersi con la natura e le storie del passato.

E così, il Regno delle Foglie Parlanti divenne un simbolo di quanto possa essere preziosa l'amicizia tra l'uomo e la natura, dimostrando che il mondo naturale è ricco di meraviglie e storie da condividere.

The Kingdom of Talking Leaves

In a remote corner of the forest, there was a magical place known as the "Kingdom of Talking Leaves." This kingdom was inhabited by special leaves, each with the ability to speak and tell stories.

One day, a young explorer named Carlo decided to embark on an adventure to find the Kingdom of Talking Leaves he had heard about in the legends of his village. He brought with him only a small bag with food and water and ventured deep into the forest.

After days of walking through dense woods and winding trails, Carlo discovered a secret place where the tree leaves whispered to each other. He approached with curiosity, and the leaves began to tell stories of ancient times and incredible adventures.

Carlo listened fascinated to the stories of the talking leaves. Each leaf had a different story to share: there was the leaf that had witnessed a battle between a brave knight and a fierce dragon, and there was the leaf that had seen a brilliant rainbow over an enchanted waterfall.

Carlo decided to stay in the Kingdom of Talking Leaves and learned to communicate with them. Over time, he became friends with the leaves and listened to their stories every day. In return, he told them stories of his adventures and the world beyond the forest.

One day, Carlo learned from a special leaf about the existence of a hidden treasure near the kingdom. It was an ancient golden chest that held priceless jewels and treasures. Carlo decided to search for the treasure, guided by the talking leaves.

The leaves led him through an intricate maze of trees and roots, until they reached a clear glade where the treasure was buried. With the help of the leaves, Carlo unearthed the treasure and brought it to the Kingdom of Talking Leaves.

Carlo's return with the treasure brought joy among the leaves, but the most precious thing he had gained was the friendship and knowledge of the stories he had shared with them.

Carlo decided to share the treasure with his village and invited others to visit the Kingdom of Talking Leaves to hear the enchanting stories the leaves had to tell. The kingdom became a place of inspiration and learning, where people could connect with nature and the stories of the past.

And so, the Kingdom of Talking Leaves became a symbol of how precious the friendship between humans and nature can be, demonstrating that the natural world is rich in wonders and stories to share.

Il Mistero del Bosco Incantato

In una piccola cittadina ai margini di un antico bosco, c'era una leggenda che da generazioni affascinava la gente del luogo. Si diceva che nel cuore del bosco ci fosse un luogo incantato dove il tempo si fermava e i desideri si avveravano.

Un giovane di nome Matteo era affascinato da questa leggenda sin dall'infanzia. Crescendo, sviluppò una profonda curiosità per il Bosco Incantato e decise di scoprire se la leggenda fosse vera. Riempì uno zaino con cibo, acqua e una piccola lanterna e si avventurò nel bosco al calar della notte.

Mentre si addentrava nel fitto del bosco, Matteo iniziò a notare strane luci che danzavano tra gli alberi. Le lucciole emettevano un bagliore magico, guidandolo sempre più a fondo nel bosco.

All'improvviso, Matteo si trovò davanti a un'enorme quercia con un'apertura nel tronco. La quercia sembrava emettere una luce misteriosa. Con coraggio, entrò nell'albero e si ritrovò in un mondo diverso.

Era il Bosco Incantato, un luogo straordinario dove gli alberi erano alti e imponenti, e i fiori brillavano con colori vivaci anche di notte. Creature magiche, come folletti e fate, danzavano tra i rami, creando una melodia incantata.

Matteo incontrò una fata anziana che gli spiegò il segreto del Bosco Incantato. Era un luogo dove il tempo scorreva lentamente, e i desideri si avveravano solo se erano sinceri e altruisti. Matteo formulò un desiderio: chiese che il Bosco Incantato fosse preservato e protetto per le generazioni future.

La fata sorrise e toccò con la sua bacchetta magica un albero vicino. In quell'istante, un'energia magica si diffuse attraverso il bosco, proteggendo il suo incanto per sempre.

Matteo trascorse alcune meravigliose ore nel Bosco Incantato, conversando con creature magiche e immergendosi nella sua bellezza. Quando uscì, si rese conto che il tempo era passato molto più lentamente all'interno del bosco, e la notte era diventata giorno.

Tornando alla sua città, Matteo condivise la sua esperienza con gli abitanti e raccontò loro del Bosco Incantato. Decisero di proteggere il bosco e di preservarne la magia per le generazioni future.

Il Bosco Incantato divenne un luogo di pellegrinaggio per coloro che cercavano la bellezza, la magia e la speranza. La leggenda si tramandò di generazione in generazione, dimostrando che in ogni luogo c'è un briciolo di magia, pronto a essere scoperto da chi ha il coraggio di credere nei sogni.

The Mystery of the Enchanted Forest

In a small town on the edge of an ancient forest, there was a legend that had fascinated the local people for generations. It was said that in the heart of the forest, there was an enchanted place where time stood still, and wishes came true.

A young man named Matteo had been captivated by this legend since childhood. As he grew older, his curiosity about the Enchanted Forest deepened, and he decided to find out if the legend was true. He packed a backpack with food, water, and a small lantern and ventured into the forest as night fell.

As he ventured deeper into the dense forest, Matteo began to notice strange lights dancing among the trees. Fireflies emitted a magical glow, guiding him further into the forest.

Suddenly, Matteo found himself in front of a massive oak tree with an opening in its trunk. The oak tree seemed to emit a mysterious light. With courage, he entered the tree and found himself in a different world.

It was the Enchanted Forest, an extraordinary place where the trees were tall and majestic, and the flowers shone with vibrant colors even at night. Magical creatures like elves and fairies danced among the branches, creating an enchanted melody.

Matteo encountered an elderly fairy who explained the secret of the Enchanted Forest. It was a place where time flowed slowly, and wishes only came true if they were sincere and selfless.

Matteo made a wish: he wished for the Enchanted Forest to be preserved and protected for future generations.

The fairy smiled and touched a nearby tree with her magic wand. In that moment, a magical energy spread through the forest, preserving its enchantment forever.

Matteo spent some wonderful hours in the Enchanted Forest, conversing with magical creatures and immersing himself in its beauty. When he exited, he realized that time had passed much more slowly inside the forest, and night had turned into day.

Returning to his town, Matteo shared his experience with the townspeople and told them about the Enchanted Forest. They decided to protect the forest and preserve its magic for future generations.

The Enchanted Forest became a place of pilgrimage for those seeking beauty, magic, and hope. The legend was passed down from generation to generation, proving that in every place, there is a touch of magic waiting to be discovered by those who have the courage to believe in dreams.